www.tredition.de

AF395414

Verlag und Druck:
tredition GmbH, Halenreie 40-44, 22359 Hamburg

ISBN
Paperback: 978-3-347-35330-5
Hardcover: 978-3-347-35331-2
e-Book: 978-3-347-35332-9

Zoltan Schick

saat
spur
gestirn

48 Mantras

saat

ackerbohne
berberitze
dill
knaulgras
kümmel
lein
lupine
nachtkerze
phazelie
rauhhafer
sanddorn
schafschwingel
schnittlauch
sommergerste
sonnenblume
wiesenschweidel
winterroggen
ysop

spur

alfa
bentley
buick
cupra
daihatsu
fiat
ford
geely
honda
lada
mercedes
nissan
subaru
tata
toyota

gestirn

andromeda
aquila
boötes
cassiopeia
cepheus
draco
eridanus
gemini
leo
lyra
orion
perseus
puppis
serpens
vela

saat

ackerbohne

allison trumpet
fuego bianca

taifun macho stella
fanfare cartouche

berberitze

alba asperma

azisa dulcis rubin

dill

amat arom dukat

hera donar bouquet

charli tetra

sari diwa shorti

superdukat moravan

knaulgras

lupre lyra treposno
barlegro baraula lidacta

trerano aldebaran
diceros revolin
dragoner donata husar

kümmel

bleija maud

plewiski konczewicki

volhouden prochan

lein

hella kaolin

libra octal

lirina ingot

lupine

boregine boruta

bolero baer borlu

arabella probor

mirabor

carabor

nachtkerze

peter rigel

paul glacier

constable merlin

anothera epinal

phazelie

boratus balo gipha

lisette factotum phaci

amerigo protana maja

rauhhafer

balex tradex

milex pratex

codex giraffe

exito panache

sanddorn

chujskaja dorana

askola bajan–tes

novost–altaja leikora

frugana moldova hergo

schafschwingel

bornito borvina mentor
quatro mojave selector

schnittlauch

welta miro fitlau
fero toplau kirdo

staro grolau treibnoris
hylau-cut wilau

polyvert hilds-polycross

sommergerste

juventa irina endora

marthe flavour avalon

cervinia montoya marnie

propino despina xanadu

thessa leandra asta

dante ventina barke

laureate aliciana salome

accordine tocada paustian

sonnenblume

volluto vivacio

delfi fellini

valeo vellox

unic metharoc

wiesenschweidel

mahulena paulita

achilles fedoro

perseus felopa

winterroggen

guttino cossani binntto

amilo brasetto bendix

dukato gonello recrut

dolaro edmondo conduct

marcelo bono trebiano

gatano vinetto dankowsk

ysop

kékvirágú

perlay de ciorani

blankyt sredets

spur

alfa

romeo matta

mito alfetta

brera stelvio

arna volante

bentley

mulsanne corniche

arnage camargue

buick

reatta verano

apollo cascada
electra lesabre

enclave invicta
encore lacrosse

cupra

formentor

ateca leon

daihatsu

atrai coo
leeza boon

esse pyzar
altis derutaban

fiat

albea balilla

barchetta granluce

ritmo duna

tempra tipo

ulysse marea

palio doblò

ford

ka kuga comète

cortina mondeo zephyr

anglia granada cougar

geely

haoyue kandi jiaji

haifeng haishang xingyue

yuanjing biaofeng borui

haiyue binyue uliou

hajing haixun

binrui boyue

honda

acty ascot

capa envix

gienia orthia

saber vigor zest

lada

vesta nova samara

kalina granta shiguli

viva priora aleko

niva nadezhda largus

mercedes

vito vaneo actros

antos citaro citan

accelo viano arocs

cito atego zetros

nissan

urvan almera pulsar

vanette tiida

laurel evalia murano

tino navara pixo

subaru

baja sumo lucra

dex exiga stella

chiffon ascent

trezia pleo

levorg rex

alcyone vortex

tata

bolt nexon

hexa altroz

winger tigor zest

toyota

tacoma tarago tiara

calya cami celica

revo rukus raize

kluger reiz ist

unser vitz

gestirn

andromeda

sterrennacht

buna veritate alamak

adhil almach titawin

nembus mirach alpheratz

aquila

okab petra libertas

phoenicia chechia

alshain altair tarazed

boötes

muphrid merga
alkalurops arcalís

arcturus seginus
asellus xuange
nekkar izar nikawiy

cassiopeia

fulu marfak navi

achird caph castula

ruchbah schedar

segin nushagak

cepheus

errai garnet-star

alderamin

kurhah alfirk

al-kalb-al-rai

draco

aldhibah alrakis alruba
alsafi altais eltanin

dziban grumium athebyne
fafnir funi edasich

kuma giausar rastaban
taiyi thuban tianyi

eridanus

tojil ran

sceptrum theemin

acamar angetenar

beemim beid chaophraya

cursa koeia montuno

ayeyarwady azha achernar

keid mouhoun zaurak

gemini

tejat propus

castor pollux

mekbuda mebsuta

wasat jishui

alhena alzirr

leo

alterf algieba

regulus formosa

sagarmatha rasalas

chertan denebola dingolay

shama subra adhafera

al-minliar-al-asad

lyra

aladfar chason

alathfar sheliak

sulafat xihe vega

orion

tabit thabit alnilam

alnitak saiph bellatrix

rigel meissa betelgeuse

hatysa mintaka

perseus

atik miram berehynia

menkib mirfak misam

algol muspelheim

puppis

tureis nosaxa

naos azmidi tislit

serpens

alya gudja

alasia kaveh

unukalhai

vela

regor kalausi

natasha suhail

alsephina markeb